Mapas rompecabezas

de los Estados Unidos

Mapas rompecabezas

de los Estados Unidos

Nancy L. Clouse

Traducción por William Burgos

Henry Holt and Company • New York

En memoria de Mary Jane Anway—
artista, educadora, y amiga

Henry Holt and Company, Inc.
Publishers since 1866
115 West 18th Street
New York, New York 10011

Henry Holt is a registered
trademark of Henry Holt and Company, Inc.

Published in Canada by Fitzhenry & Whiteside Ltd.,
195 Allstate Parkway, Markham, Ontario L3R 4T8.

ISBN 0-8050-1386-5 (hardcover)
10 9 8 7 6 5 4 3 2 1
ISBN 0-8050-3598-2 (paperback)
10 9 8 7 6 5 4 3 2 1

First published in hardcover in 1990
by Henry Holt and Company, Inc.
First Owlet edition, 1994

Printed in the United States of America
on acid-free paper. ∞

¡Los mapas pueden ser muy divertidos!

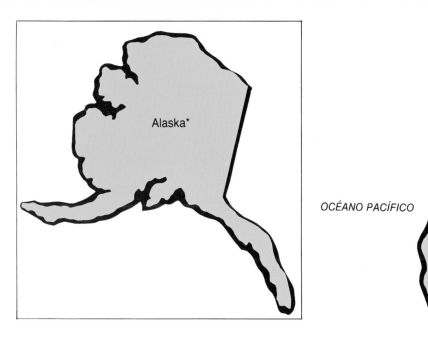

Alaska*

OCÉANO PACÍFICO

Washington

Montana

Oregon

Idaho

Wyoming

Nevada

Utah

Colorado

California

Arizona

New Mexico

MÉXICO

Éste es un mapa de los Estados Unidos.

Hay cincuenta (50) estados en total.
¿Puedes encontrar el estado donde tú vives?

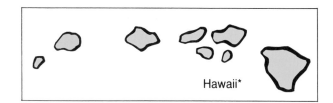

Hawaii*

*No a escala

CANADÁ

Dakota

Minnesota

Michigan

New Hampshire

Vermont

Maine

uth Dakota

Wisconsin

New York

Massachusetts

Rhode Island

Nebraska

Iowa

Pennsylvania

Connecticut

New Jersey

Kansas

Illinois

Indiana

Ohio

West Virginia

Delaware

Maryland

Missouri

Kentucky

Virginia

District of Columbia

Oklahoma

Arkansas

Tennessee

North Carolina

South Carolina

Texas

Alabama

Georgia

OCÉANO ATLÁNTICO

Mississippi

Louisiana

Florida

GOLFO DE MÉXICO

7

Éste es un mapa rompecabezas de los Estados Unidos.
Se puede desmontar y montar de nuevo.

En este mapa rompecabezas, cada estado
es una pieza del rompecabezas
y cada estado tiene su propria forma.
Oklahoma parece una sartén.

Michigan

Michigan

Louisiana

Louisiana

Florida

Florida

Michigan parece un mitón
con una bufanda.
Louisiana parece un sillón
con volantes.
Florida parece un bumerang
o una bota grande.
¿A qué se parece tu estado?

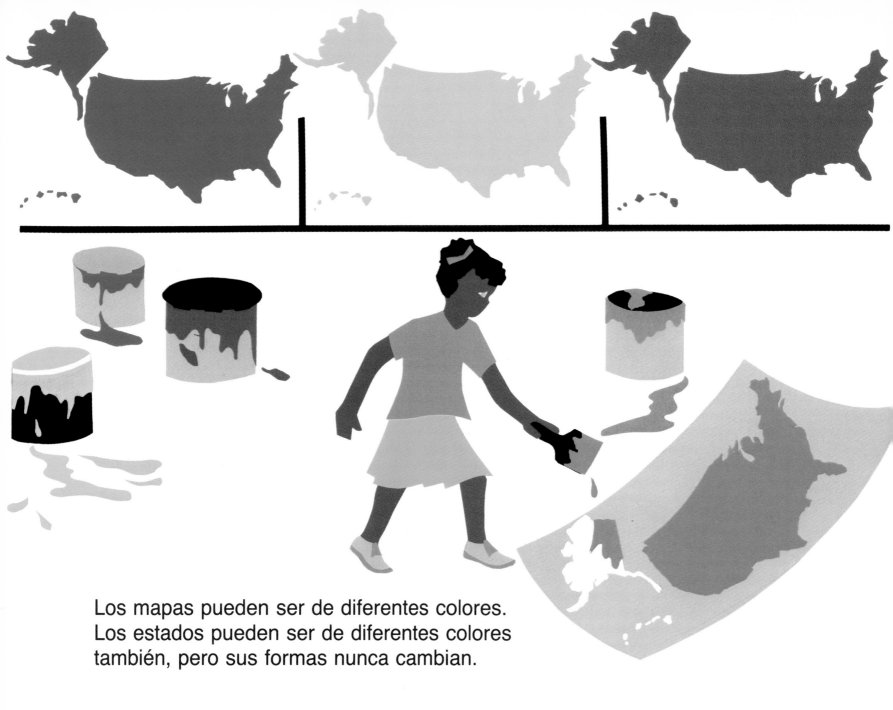

Los mapas pueden ser de diferentes colores.
Los estados pueden ser de diferentes colores
también, pero sus formas nunca cambian.

Hay diez piezas de rompecabezas en esta página,
pero solamente tres estados.
Colorado parece una caja.
¿Cuántas veces ves tú a Colorado?
California parece un brazo con el codo un poco salido.
¿Cuántas veces ves tú a California?
South Carolina parece un triángulo raro.
¿Cuántas veces ves tú a South Carolina?

FLY   U.S.A.

UNITED   TRUCKING CO.

Los mapas en los edificios y las
carteleras son muy grandes.
Los mapas en los libros parecen pequeños.
Si un mapa de los Estados Unidos es
grande, los estados en ese mapa van a ser
grandes también. Si un mapa es pequeño,
los estados van a ser pequeños también.

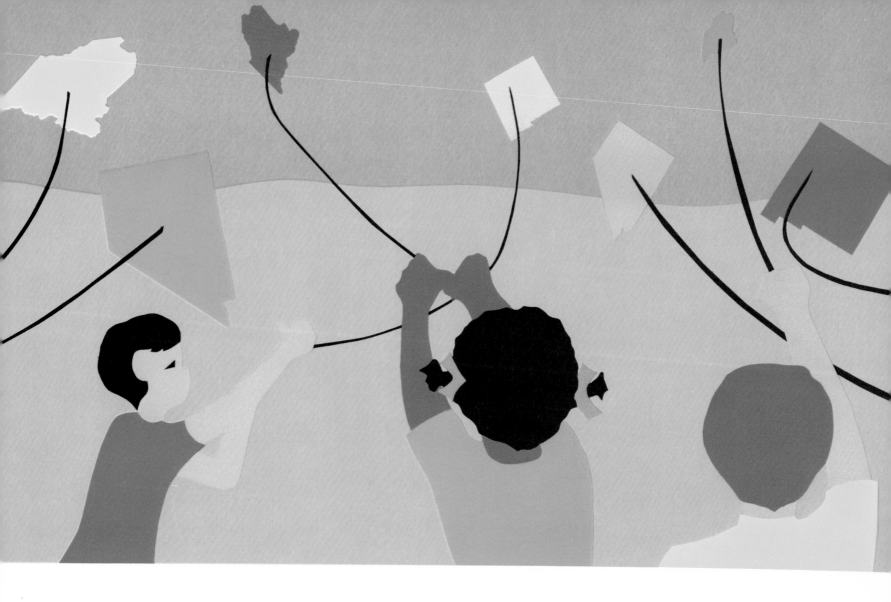

En este dibujo algunos estados son grandes y algunos pequeños.
¿Es tu estado uno de las cometas volando alto en el cielo?

Maine, Nevada, New Mexico

Es difícil balancear estas formas rompecabezas,

pero todavía tú puedes reconocer sus formas
y nombrar los estados.

Idaho, Utah, Wisconsin

Éste es un dibujo-rompecabezas de un carrito.
Cuando tú tiras de él, Utah, Kansas, New Mexico
y Oklahoma van de paseo.

Esta tortuga va a nadar. ¿Qué estados se van a mojar?
El ojo de la tortuga es el estado más pequeño de los Estados Unidos.
Mira bien la tortuga y vas a encontrar ocho estados en total.

Alabama, Connecticut, Kansas, Kentucky, Missouri, Nebraska, Oklahoma, Rhode Island

Este pájaro gracioso quisiera
poder volar. Virginia y
North Carolina se esconden en
su pico. ¿Cuántos otros estados
están en sus plumas?

Alaska, Connecticut, Indiana, Kentucky,
North Carolina, South Carolina,
Texas, Virginia, West Virginia

Éste es un árbol que jamás vas
a encontrar en el parque.
Georgia, Mississippi y Alabama
forman su tronco.
¿Qué estados están en las hojas?

Alabama, Florida, Georgia, Illinois, Indiana,
Kentucky, Mississippi, North Carolina, Virginia

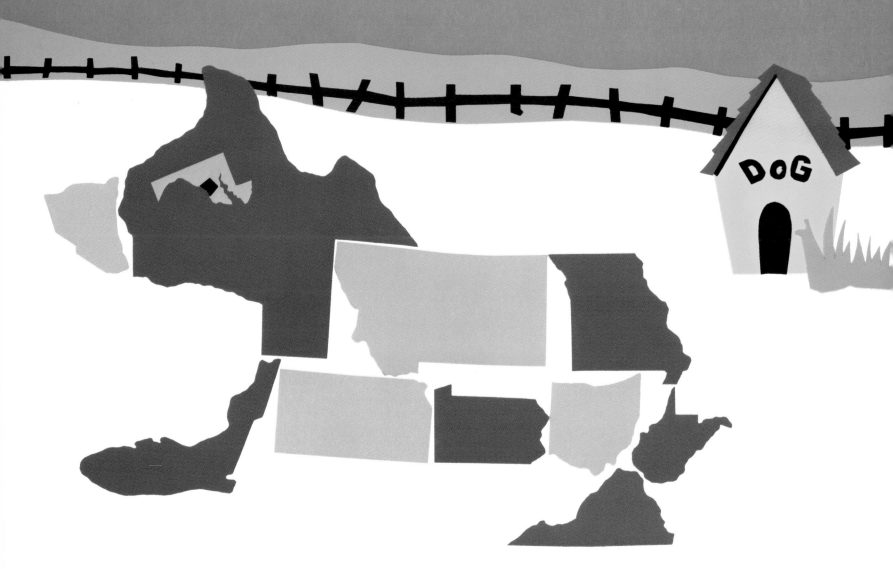

¿Tiene este perro con manchas una cola para menear?
Tú puedes ver la capital de los Estados Unidos en su ojo.
¿Cuál es? ¿Cuántos estados puedes encontrar?

District of Columbia. Florida, Kansas, Maryland, Missouri, Montana, Ohio,
Pennsylvania, South Carolina, Texas, Virginia, West Virginia

Ésta es una flor linda que crece
en un tiesto. ¿Está tu estado aquí?
¿Está en la flor, el tallo o el tiesto?

Alabama, California, Idaho, Illinois, Iowa,
Kentucky, Louisiana, New York, North Carolina,
Ohio, Oregon, Tennessee, Washington

23

¿Va de paseo tu estado con este hombre
y su perro?

Connecticut, Georgia, Idaho, Iowa, Kentucky, Maine, Minnesota,
New Hampshire, Oklahoma, Tennessee, Vermont

Este caballito de carrusel da vueltas a la redonda.
¿Sube y baja tu estado en este carrusel?

Colorado, Florida, Georgia, Illinois, Indiana, Kentucky, Maryland, Nebraska,
New Jersey, North Carolina, North Dakota, Oklahoma, South Dakota,
Tennessee, Vermont, Wyoming.

Este payaso trabaja en el circo. ¿Está tu estado allí con él?
¿Qué estados están allí?

Alaska, Arizona, Arkansas, California, Connecticut, Delaware,
Hawaii, Idaho, Louisiana, Maine, Massachusetts, Michigan, Minnesota,
Mississippi, Missouri, Montana, Nevada, New Hampshire, New Mexico, Oregon,
Rhode Island, South Carolina, Utah, Virginia, West Virginia, Wisconsin

Trivia de los Estados Unidos

1. ¿Cuál es el estado más grande al este del Río Mississippi?
2. ¿Cuál es el estado más pequeño de los EE.UU.?
3. ¿En cuál estado empieza el Río Mississippi?
4. ¿Cuál es el estado más grande de los EE.UU.?
5. ¿En dónde se puede estar en cuatro estados a la misma vez?
6. ¿Qué cinco estados tienen playas en el Golfo de México?
7. ¿Qué cinco estados tienen sus orillas en el Océano Pacífico?
8. ¿Cuántos estados comparten la frontera con nuestro vecino del sur, México? ¿Los puedes nombrar?
9. ¿Qué catorce estados están en la costa del Océano Atlántico?
10. ¿Por cuál estado entra el Río Mississippi al Golfo de México?
11. ¿Qué trece estados comparten una frontera de tierra o agua con nuestro vecino del norte, Canadá?
12. ¿Qué estado tiene dos partes, una península baja y una península alta?
13. La capital de los Estados Unidos, el Distrito de Columbia, también es conocido por el nombre de Washington, D.C. ¿Qué dos estados la bordean?

Claves para el rompecabezas

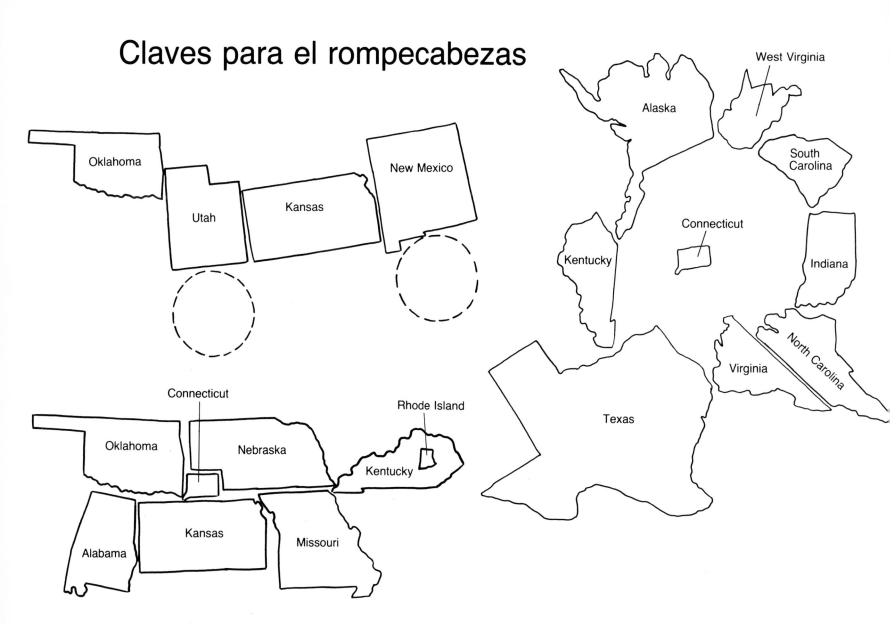

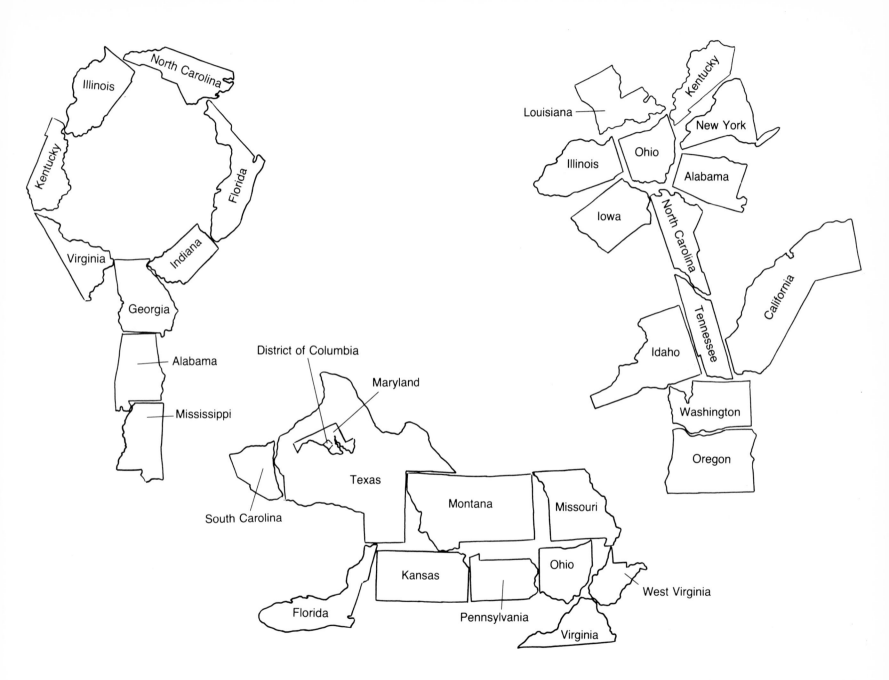

North Carolina

Illinois

Kentucky

Virginia

Florida

Indiana

Georgia

Alabama

Mississippi

District of Columbia

Maryland

Texas

South Carolina

Montana

Missouri

Kansas

Ohio

Pennsylvania

Florida

Virginia

West Virginia

Louisiana

Kentucky

New York

Ohio

Illinois

Alabama

Iowa

North Carolina

California

Tennessee

Idaho

Washington

Oregon

29

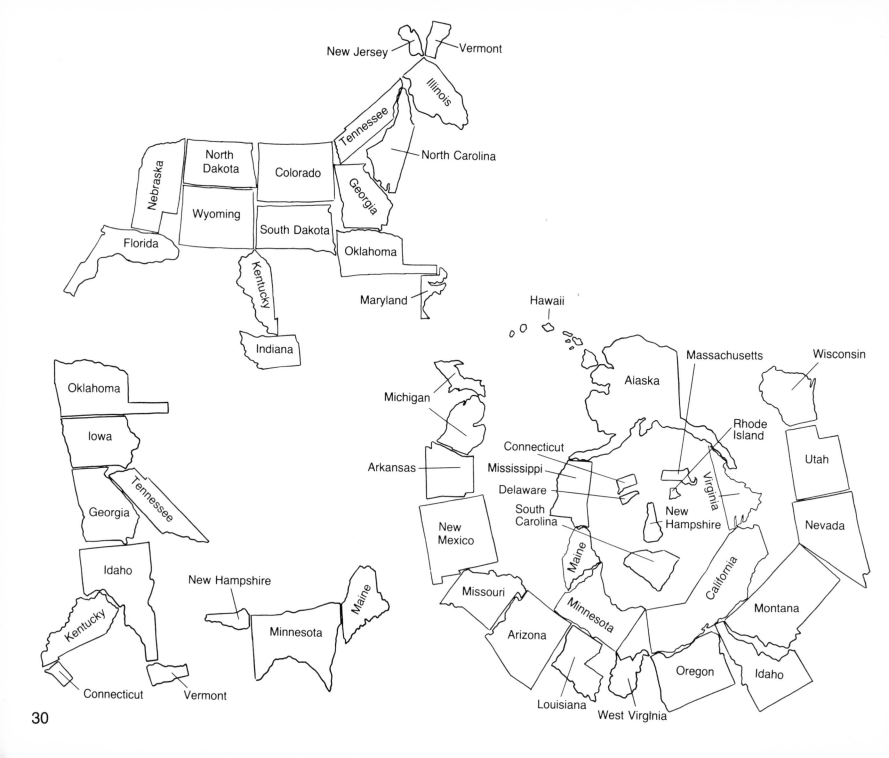

New Jersey
Vermont
Illinois
Tennessee
North Carolina
North Dakota
Nebraska
Colorado
Georgia
Wyoming
Florida
South Dakota
Oklahoma
Kentucky
Maryland
Indiana

Oklahoma
Iowa
Tennessee
Georgia
Idaho
New Hampshire
Maine
Kentucky
Minnesota
Connecticut
Vermont

Hawaii
Massachusetts
Wisconsin
Alaska
Michigan
Rhode Island
Connecticut
Utah
Arkansas
Mississippi
Virginia
Delaware
South Carolina
New Hampshire
Nevada
New Mexico
Maine
California
Missouri
Minnesota
Montana
Arizona
Louisiana
West Virginia
Oregon
Idaho

Trivia de los Estados Unidos—Respuestas

1. Georgia.
2. Rhode Island.
3. Minnesota.
4. Alaska. Es tan grande que si se dibujara un mapa de Alaska en la misma escala que los mapas de los otros estados, sería casi tan grande como todo los otros estados juntos.
5. Arizona, Colorado, New Mexico, Utah.
6. Alabama, Florida, Louisiana, Mississippi, Texas.
7. Alaska, California, Hawaii, Oregon, Washington.
8. Quatro estados: Arizona, California, New Mexico, Texas.
9. Connecticut, Delaware, Florida, Georgia, Maine, Maryland, Massachusetts, New Hampshire, New Jersey, New York, North Carolina, Rhode Island, South Carolina, Virginia.
10. Louisiana
11. Alaska, Idaho, Maine, Michigan, Minnesota, Montana, North Dakota, New Hampshire, New York, Ohio, Pennsylvania, Vermont, Washington.
12. Michigan.
13. Maryland y Virginia.

Índice